Katharina von Lehmden

Kompensation primärer Herkunftseffekte in Schulen

GRIN Verlag

Bibliografische Information der Deutschen Nationalbibliothek:

Die Deutsche Bibliothek verzeichnet diese Publikation in der Deutschen National-
bibliografie; detaillierte bibliografische Daten sind im Internet über http://dnb.d-
nb.de/ abrufbar.

Impressum:

Copyright © 2010 GRIN Verlag, Open Publishing GmbH
Druck und Bindung: Books on Demand GmbH, Norderstedt Germany
ISBN: 978-3-640-70911-3

Dieses Buch bei GRIN:

http://www.grin.com/de/e-book/155731/kompensation-primaerer-herkunftseffekte-
in-schulen

GRIN - Your knowledge has value

Der GRIN Verlag publiziert seit 1998 wissenschaftliche Arbeiten von Studenten, Hochschullehrern und anderen Akademikern als eBook und gedrucktes Buch. Die Verlagswebsite www.grin.com ist die ideale Plattform zur Veröffentlichung von Hausarbeiten, Abschlussarbeiten, wissenschaftlichen Aufsätzen, Dissertationen und Fachbüchern.

Besuchen Sie uns im Internet:

http://www.grin.com/

http://www.facebook.com/grincom

http://www.twitter.com/grin_com

Inhalt

1) Einleitung

In der vorliegenden Ausarbeitung werde ich auf die Entstehung sowie die Kompensation primärer Herkunftseffekte eingehen. In einem ersten Abschnitt soll theoretisch eingeführt werden, welche Ursachen für die Entstehung sozialer Unterschiede herangezogen werden können. Dabei werde ich auf die von RAYMOND BOUDON eingeführten Begriffe der so genannten primären und sekundären Herkunftseffekte eingehen. Zudem werde ich auf die Erklärungsansätze zur milieuspezifischen Benachteiligung durch das Bildungssystem von HEIKE DIEFENBACH zu sprechen kommen.

Im Anschluss an die theoretische Einführung werde ich zur Kompensation primärer Herkunftseffekte in der Praxis übergehen und dabei exemplarisch Berliner Schulen in den Fokus der Betrachtung nehmen. Hierbei werden konkrete Fördermaßnahmen zum Abbau von sozialen Ungleichheiten sowie zur Integration im Mittelpunkt stehen.

In dem abschließenden Fazit werde ich von den Thesen WOLFGANG MEYER-HESEMANNS ausgehend die Problemlage sozialer Ungleichheit zusammenfassen und entsprechende notwendige Veränderungen ansprechen.

2) Die Bedeutung von Bildung und die primären und sekundären Herkunftseffekte als Ursachen für soziale Ungleichheit

Bildung, ein Begriff, der nicht nur die schulische Bildung umfasst, sondern auch die Aus- und Weiterbildung sowie die Intention kontinuierliches selbstgesteuertes Lernen zu fördern, ist nicht nur in der heutigen Zeit eine der wichtigsten sozialen Fragen in unserer Gesellschaft. Mit Bildung und dem Ausbau des Bildungssystems erhofft man sich soziale Ungleichheiten abbauen zu können. Doch bereits früh konnte aufgezeigt werden, dass die ersehnte Chancengleichheit illusionistisch ist.

In Deutschland ist auffällig, dass die soziale Herkunft in besonders hohem Maß den Bildungserfolg bestimmt. Diverse Schulleistungs-Studien wie IGLU und PISA belegen, dass Kinder ungebildeter Eltern selbst dann häufig eine geringere Schulformempfehlung bekommen und schlechtere Bildungschancen haben als Kinder von Eltern mit höherer Bildung, auch wenn die kognitive, die Lese- und Mathematikkompetenz gleich ist.

Einen Erklärungsansatz für die Ursachen für soziale Ungleichheiten bei Bildungszugang und –erfolg liefert die Unterscheidung von primären und sekundären Herkunftseffekten des französischen Soziologen RAYMOND BOUDON (1974), was sich als hilfreiche analytische Untersuchung herausgestellt hat. Die Unterscheidung zwischen den Herkunftseffekten hat sich sowohl in der wissenschaftlichen und mit PISA 2000 auch in der öffentlichen Diskussion etabliert. (s. SOLGA, S. 15 f.)

Primäre Effekte sozialer Herkunft sind schichtspezifische Unterschiede in der Bildungsaneignung. Sie stehen in einem Zusammenhang von sozialer bzw. nationaler Herkunft und schulischen Leistungen und darauf basierenden Bildungserfolgen. Da Kinder aus höheren Sozialschichten besser den jeweiligen schulischen Leistungsanforderungen gerecht werden, haben sie vergleichsweise größere Chancen auf das Gymnasium zu wechseln und die allgemeine Hochschulreife zu erwerben. (ebd.)

Sekundäre Effekte sozialer Herkunft sind schichtspezifische Entscheidungsprozesse zur Bildungskarriere von Kindern. Es werden demnach Ursachen dafür genannt, warum es bei gleichen gezeigten Leistungen Unterschiede in den familialen Bildungsentscheidungen für Kinder unterschiedlicher sozialer bzw. nationaler Herkunft gibt. Es geht somit darum, Zusammenhänge von sozialer bzw. nationaler Herkunft und Bildungsentscheidungen zugunsten weiterführender und höherer Bildung aufzudecken. Aufgrund der verfügbaren ökonomischen Ressourcen und ihrer vergleichsweise geringen sozialen Distanz zum System höherer Bildung entscheiden sich die Elternhäuser in höheren Sozialschichten für ihre Kinder zumeist eher für das Gymnasium als diejenigen in den Arbeiterschichten (ebd.).

Es handelt sich bei dieser Einteilung BOUDONS um eine analytisch sinnvolle Unterteilung, auch wenn häufig beide Ursachenkomplexe gleichzeitig vorhanden und miteinander verknüpft sind. So sind beispielsweise schichtspezifische Unterschiede in der Bildungsaneignung nicht frei von schichtspezifischen „Entscheidungen" bzw. Bildungsaspirationen hinsichtlich der zukünftigen Bildungskarriere von Kindern. Und auch die sekundären Herkunftseffekte haben Rückwirkungen auf die gezeigten Leistungen bzw. die Lerngelegenheiten von Kindern unterschiedlicher Herkunft (ebd.).

Bezüglich der sozialen Ungleichheit und dem Bildungszugang und –erfolg in Deutschland nennt RENATE VALTIN konkrete Zahlen und verdeutlicht, dass auch heute die soziale Herkunft eines Kindes nach wie für seinen Bildungsweg entscheidend ist. Von den IGLU-Befunden ausgehend stellt die Erziehungswissenschaftlerin fest: „Kinder aus der oberen Dienstklasse haben eine fast 5-mal höhere Chance als Kinder un- und angelernter Arbeiter, eine Gymnasialempfehlung von ihren Grundschullehrern und –lehrerinnen zu erhalten" – und zwar bei gleichen Kompetenzwerten (s. VALTIN, S. 12).

Der Staat ist jedoch in der Pflicht, allen Bürgern die gleichen Möglichkeiten zur Entwicklung ihrer Potentiale zu bieten und die Voraussetzungen zu schaffen, so dass die vorhandenen Chancen auch wahrgenommen werden können. Die Herstellung von Chancengleichheit ist einer der wichtigsten Eckpfeiler demokratischer Gesellschaften, da gleichberechtigte Bildungschancen wesentlich für den Zusammenhalt der Gesellschaft und zudem wichtig für die Wahrung des inneren Friedens sind (s. WERNSTEDT et al. 2008, S. 5). Die Schule hat zudem die Aufgabe zuteil, die Schüler nicht nur zu qualifizieren, sondern hat durch die Vergabe von Bildungszertifikaten auch eine statuszuweisende Funktion und ist daher für jeden einzelnen Schüler von größter Bedeutung (s. SOLGA, S. 5).

In Deutschland hat es nur wenige flächendeckende und konsequente Bildungsreformen gegeben, und das trotz der Erfolge der Bildungsexpansion bis Mitte der 1970er Jahre (ebd.).

Festzuhalten ist, dass unser Bildungssystem schlechter in der Lage ist als andere Bildungssysteme, soziale Ungleichheiten zu kompensieren. Das System verstärkt soziale Unterschiede eher anstatt sie zu verringern. Soziale Unterschiede werden in Deutschland sehr viel stärker durch Unterschiede in der sozial ungleichen Zusammensetzung von Schulen als durch die soziale Herkunft der Schülerinnen und Schüler verursacht, was darauf schließt, dass es von Bedeutung ist, welche Schule man besucht, insbesondere im Hinblick auf deren soziale Zusammensetzung (ebd., S. 15 ff.).

3) DIEFENBACHS Erklärungsansätze zur Bildungsbenachteiligung von Migrantenkindern und –jugendlichen

An dieser Stelle möchte ich auf einen weiteren Erklärungsansatz zur Bildungsbenachteiligung Kinder und Jugendlicher mit Migrationshintergrund durch das deutsche Bildungssystem eingehen. HEIKE DIEFENBACH gibt mit Fokus auf die Bildungsbeteiligung und dem Bildungserfolg bzw. –misserfolg von Kindern mit Migrationshintergrund im deutschen Bildungssystem einen Überblick über bestehende Nachteile bezüglich der Art und des Ausmaßes für diese Schüler gegenüber deutschen Schülern an allgemeinbildenden deutschen Schulen.

DIEFENBACH bedient sich vier verschiedener Erklärungsansätze, die auf einer empirischen Befundlage aufbauen:

4

3.1) Die kulturell-defizitäre Erklärung

DIEFENBACH beginnt mit der kulturell-defizitären Erklärung. Dabei zeigt sie die möglichen Aspekte auf, die die Bedeutung des „kulturellen Erbes" der Kinder mit Migrationshintergrund für die Auswirkungen auf deren Bildungserfolg in den Fokus rücken. Es treten aufgrund des „kulturellen Erbes" Defizite hinsichtlich dessen auf, was als „Normalausstattung" an Verhaltensweisen, Kenntnissen und Fähigkeiten vorausgesetzt wird (s. DIEFENBACH, S. 231). So gibt es Abweichungen von dem, was ein Kind oder ein Jugendlicher eines bestimmten Entwicklungsstandes in die Institutionen der Bildung und Erziehung mitzubringen hat. Dieses stellt sich, so DIEFENBACH, beispielsweise auch in einer ablehnenden Haltung der Eltern gegenüber dem deutschen Bildungssystem dar, welche das Kind entsprechend reproduziert oder aber sich entgegen der Eltern davon ablöst und seine eigenen Interessen diesbezüglich selbst vertritt, was in solch einer Situation häufig nicht konfliktfrei endet und auch als so genannte „Selbstplatzierung" der Kinder und Jugendlichen bezeichnet werden kann (ebd., S. 232). Im Gegenzug wäre anzunehmen, dass Kinder aus Migrantenfamilien, die aber in Deutschland geboren oder zumindest dort sozialisiert bzw. integriert sind, mit einer der deutschen Kinder gleichen kulturellen Basispersönlichkeit entsprechend ausgestattet sein müssten und somit keine Bildungsbenachteiligungen zu erwarten sein dürften. Jedoch erreichen diese Kinder und Jugendlichen keine vergleichbaren Bildungsabschlüsse im Vergleich zu den deutschen Schülern (ebd., S. 233). Der Ansatz zur Erklärung der Defizite im deutschen Bildungssystem hinsichtlich der Bildungsbenachteiligungen der ausländischen Schüler reicht also allein nicht aus.

3.2) Die humankapitaltheoretische Erklärung

Bei diesem Ansatz wird erläutert, dass es den Migrantenkindern gegenüber deutschen Kindern an Humankapital mangele, welches aber für ein erfolgreiches Durchlaufen der Schullaufbahn in Deutschland notwendig sei. In der Bildungsökonomie bezeichnet „Humankapital" alle Investitionen, die in einen Menschen im Verlauf seiner Erziehung und Ausbildung gemacht werden, die sowohl monetäre und nicht-monetäre Erträge bringen (s. DIEFENBACH, S. 234). „Die familiäre Sozialisation wird als besonders bedeutsam für die Akkumulation von Humankapital betrachtet, weil Eltern ihren Kindern grundlegende Wissensbestände, Werte und Gewohnheiten, die dem Erfolg in den Bildungsinstitutionen oder auf dem Arbeitsmarkt zu- oder abträglich sind, vermitteln." (ebd.). In diesem Zusammenhang wird das familiäre Umfeld der Kinder und Jugendlichen näher betrachtet. Als relevanten Größen werden die Bildungsabschlüsse der Eltern und ihr Status in Form des (Haushalts-)Einkommens herangezo-

5

gen, jedoch erweitert um familiäre Ressourcen wie Zeit und Zuwendung. Da sich das Humankapital auf mehrere Köpfe verteilt, wirkt sich eine hohe Anzahl von Geschwistern negativ auf die Akkumulation von Humankapital in einem Kind aus. Die fehlende ausreichende Vermittlung des Humankapitals über die Eltern bedingt somit einen geringen Bildungserfolg des Kindes, welches geringere Erfolgsaussichten auf dem späteren Arbeitsmarkt hat (ebd.). Der Ansatz kann jedoch empirisch nur zum Teil bestätigt werden. GARY BECKERS Untersuchungen hinsichtlich der Bildungssituation in den USA haben gezeigt, dass die Bildung der Kinder wirklich mit denen der Eltern zusammenhängt und auch das Haushaltseinkommen positiv mit der Bildung korreliert (ebd., S. 235). In Deutschland zeigte sich jedoch, dass der Bildungserfolg von Kindern und Jugendlichen aus Familien mit Migrationshintergrund im Gegensatz zu den deutschen Familien zwar signifikant positiv ist, aber der Zusammenhang mit dem ökonomischen und kulturellen Kapital der Herkunftsfamilie gering ist. Deutsche Schüler profitieren von gebildeten und einkommensstarken Eltern, um einen bestimmten Schulabschluss zu erreichen. Jedoch trifft dieses nicht bei Migrantenkindern zu. Somit scheint die soziale Schicht nicht der Auslöser für die Bildungsbenachteiligung im deutschen System zu sein. Es kann davon ausgegangen werden, dass individuelle Merkmale zur Erklärung nicht ausreichend sind und die Rahmenbedingungen näher betrachtet werden müssen (ebd., S. 235 ff.).

3.3) Die Erklärung durch Merkmale der Schule oder Schulklasse

Nach Betrachtung der individuellen Merkmale der ausländischen Schüler werden bei der Erklärung durch Merkmale der Schule bzw. der Schulklasse die gesellschaftlichen Bedingungen, mit denen sie sich die Kinder und Jugendlichen auseinandersetzen müssen, beleuchtet. Die Kinder und Jugendlichen stellen sich der Aufgabe, sich in dem Kontext zurechtfinden, in dem sich die alltäglichen Lernprozesse abspielen. Hierbei erfolgt eine Prägung durch die Merkmale der Schule und der Klassen, die ein Kind oder Jugendlicher besucht. Es lässt sich ein Zusammenhang zwischen der besuchten Schulform und dem möglichen Schulabschluss herstellen. So stellt sich beispielsweise als erwiesen heraus, dass Migrantenkinder auf integrierten Gesamtschulen konsistent höhere Bildungsabschlüsse erreichen können als auf Sekundarschulen mit einem Bildungsgang. DIEFENBACH erklärt zudem, dass ausländische Schüler von integrierten Gesamtschulen seltener ohne Hauptschulabschluss abgehen, so dass der Besuch dieser Schulform für diese Schüler vorteilhafter erscheint als der Besuch einer Schule des dreigliedrigen Systems. (DIEFENBACH, S. 238). Ebenso gibt es, auch wenn nur wenige Studien dieses belegen, die Feststellung, dass ein häufiger Kontakt zu deutschen Schülern die Schulleistung von Migrantenkindern und –jugendlichen positiv beeinflusst.

Die wenigen Befunde bezüglich der Merkmale der Schule bzw. der Schulklasse zeigen immerhin, dass der Zusammenhang zwischen der ethnischen Zusammensetzung einer Schülerschaft oder allgemein der ethnischen Konzentration im Umfeld von Schülern mit Migrationshintergrund und ihrem Schul- und Lernerfolg nicht ohne Weiteres als Kausalzusammenhang interpretierbar ist. „Weil mit der ethnischen Zusammensetzung einer Schülerschaft andere Aspekte der Zusammensetzung einer Schülerschaft konfundiert sind, die das Leistungsniveau und mithin den Schulerfolg von Schülern in Schulen oder Klasen mit einem bestimmten Anteil von ausländischen Schülern oder Schülern mit Migrationshintergrund senken (können), wäre es notwendig festzustellen, welche (kausalen) Mechanismen dieser Korrelation tatsächlich zugrunde liegen". (ebd., S. 240)

3.4 Die Erklärung durch institutionelle Diskriminierung

Zuletzt widmet sich HEIKE DIEFENBACH der Erklärung durch institutionelle Diskriminierung, welche als „Ergebnis organisatorischen Handelns in Schulen und in Zusammenhang mit Einwanderungs- und bildungspolitischen Rahmenbedingungen entsteht" (DIEFENBACH, S. 240). Schulerfolg oder –misserfolg hängen nicht nur von den eigenen Leistungen der SuS ab, sondern sind auch von den Entscheidungspraktiken der Schulen abhängig. DIEFENBACH erläutert, dass die ethnische Herkunft bei der Entscheidung hinsichtlich der weiterführenden Schulform durchaus eine Rolle spielt. Die Noten in Deutsch und Mathematik sind für die Versetzung(-sempfehlung) relevant. An dieser Stelle setzen auch die Diskussionen an. Es stellt sich unter anderem die Frage, inwiefern es legitim und diskriminierend ist, die Deutschnote von ausländischen Schülern ebenso stark zu gewichten wie die der deutschen Kinder (ebd., S. 242). Auch die Einteilung der Sprachkenntnisse in legitime und illegitime kann darüber hinaus als eine Form institutioneller Diskriminierung aufgefasst werden, da die Sprachen der Mehrzahl der Migranten in Deutschland bzw. der Familien mit Migrationshintergrund jeder Bildungswert bestritten werden und zum Beispiel nicht als Schulfremdsprachen akzeptiert werden (ebd.). DIEFENBACH zitiert: „Die Beherrschung der deutschen Sprache gilt als Schlüssel zum Erfolg und zum gesellschaftlichen Aufstieg, während die mitgebrachten Sprachen der Einwanderer nicht als gesellschaftliche Ressource positiv bewertet werden." (S. 242)

HEIKE DIEFENBACH versucht mit ihren Erklärungsansätzen die gegenwärtige Situation der Kinder und Jugendlichen mit Migrationshintergrund an deutschen Schulen darzustellen. Sie spricht abschließend nötige Implikationen für die Bildungspolitik an, welche in vielerlei Hinsicht zu Handlungen auffordern sollen. So kritisiert sie die, trotz der gesellschaftlichen Be-

deutsamkeit der Thematik, mangelnde Forschungslage und spricht sich für eine systemati-
schere und unabhängigere interdisziplinäre Forschung aus, die von dem bisherigen Vergleich
von ausländischen und deutschen Schülern abweichen und neue Variablen wie bildungser-
folgreiche Migrantenkinder untereinander untersuchen sollte. Eine besondere Gewichtung legt
sie dabei auf die Folgen institutioneller Logiken der politischen Willensbildung und des Ver-
waltungshandelns für den Bildungserfolg von Migranten, denn deren individuellen Merkmale
sowie die ihrer Familien seien bisher für die Klärung der vorhandenen Bildungsdefizite in
ihrer Aussagekraft überschätzt worden. (vgl. DIEFENBACH, S. 242 ff.)

4) „Integration durch Bildung" in Berlin – Beispiele für Fördermaßnahmen zur Integration und zum Abbau sozialer Ungleichheit

Im Folgenden wird anhand des Länderbeispiels Berlin gezeigt, welche Schul- bzw. Schü-
lerstrukturen in Berlin vorliegen und welche Maßnahmen zur Förderung der Integration von
Kindern und Jugendlichen mit Migrationshintergrund und zum Abbau sozialer Ungleichheit
in der Hauptstadt herangezogen werden. [1]

4.1) Beschreibung der Ausgangslage und der Schülerzahlenentwicklung

Zunächst werde ich einen Überblick über die Ausgangslage in Berlin geben, indem ich eine
Beschreibung der Schülerzahlenentwicklung vornehme.

Berlin hat 869 allgemeinbildende, sowohl öffentliche und private Schulen mit insgesamt
342.000 Schülern. Ca. 88.000 dieser Schüler haben eine nichtdeutsche Herkunftssprache, was
einen Anteil von 25,7 % aller Schüler ausmacht. Schüler nichtdeutscher Herkunftssprache
sind in dieser Auflistung Schüler, die in ihrer Familie eine andere Verkehrssprache als
Deutsch haben. Welche Staatsangehörigkeit sie haben, ist dabei erst einmal ohne Belang. Ca.
56.000 der Berliner Schüler besitzen eine ausländische Staatsangehörigkeit (16,5 % aller
Schüler). Für die Schule ist die Zahl der Schüler nichtdeutscher Herkunft entscheidend, weil

---

[1] Sämtliche Informationen dieses Kapitels wurden entnommen aus:

Senatsverwaltung für Bildung, Jugend und Sport*Bildung für Berlin: Integration durch Bildung. Konzept zur Förderung von. Kindern, Jugendlichen und Erwachsenen mit Migrationshintergrund in Berlin.* www.berlin.de/imperia/md/...bildung/.../integration_durch_bildung_2006.pdf [Stand: 2.2.2010]

diese mit einer nichtdeutschen Muttersprache aufwachsen und ggf. in der deutschen Sprache gefördert werden müssen.

Die folgende Tabelle gibt über die Entwicklung der Schülerzahlen in Berlin vom Schuljahr 1996/97 bis 2005/06 Auskunft.

Tab.: Schülerzahlentwicklung in Berlin von 1996/97 bis 2005/06[2]

Schuljahr	Schüler	Ausländi- sche Schüler	in %	Schüler ndH	in %
1996/97	416.105	55.645	13,4	65.863	15,8
1997/98	410.820	56.121	13,7	70.174	17,1
1998/99	399.326	55.362	13,9	71.577	17,9
1999/00	388.888	55.757	14,3	74.411	19,1
2000/01	377.382	56.129	14,9	74.750	19,8
2001/02	365.613	55.980	15,3	75.944	20,8
2002/03	356.115	56.273	15,8	79.362	22,3
2003/04	348.148	56.071	16,1	81.218	23,3
2004/05	340.658	55.717	16.4	82.637	24,3
2005/06	341.628	56.354	16,5	87.857	25,7

Quelle: verändert nach: *www.berlin.de/imperia/md/...bildung/.../integration_durch_bildung_2006.pdf*, S. 5 *[Stand: 2.2.2010]*

Die Tabelle steht in enger Verbindung mit Migration und Einbürgerung. Der prozentuale Anteil ausländischer Schüler stieg von 1996/1997 bis 2005/2006 um 3,1 %, der der Schüler nichtdeutscher Herkunft hingegen um 9,9 %. Wer einen deutschen Pass hat, beherrscht damit nicht unbedingt die deutsche Sprache in ausreichendem Ausmaß. Die Schülerzahlentwicklung dieser Zeitspanne von 10 Jahren zeigt, dass zwar die Zahl der Schüler insgesamt um 21,8 % gefallen ist, die Zahl der Schüler nichtdeutscher Herkunftssprache allerdings um 33,4 % gestiegen ist – von 65.863 auf 87.857 Schüler. Daraus ergibt sich ein Anstieg des Schüleranteils nichtdeutscher Herkunftssprache an der Gesamtschülerzahl von 15,8 % auf 25,7 %.
Schüler aus der Türkei und Serbien und Montenegro haben im Betrachtungszeitraum einen verhältnismäßig betrachtet zunehmend geringeren Anteil an der Gesamtschülerzahl. Die Schülerzahlen aus Vietnam und allen übrigen Ländern dagegen steigen in der relativen Betrachtung dieser Zahlen.

---

[2] Weitere Abbildungen, siehe Anhang

Für die mittelfristige Entwicklung von Konzepten sind besonders die Zahlen der Schulanfänger aussagekräftig: Der Anteil der Schüler nichtdeutscher Herkunftssprache an den öffentlichen Schulen beträgt in dieser Teilgruppe 33,1 %. Die Gruppe derjenigen Schüler nichtdeutscher Herkunftssprache wächst und damit auch der Bedarf an kompetenten Lehrkräften, Ressourcen und sachgerechten Konzepten.

Betrachtet man die Verteilung der Schüler nichtdeutscher Herkunftssprache in Berliner allgemeinbildenden Schulen regional, so fällt auf, dass es vor allem in Berlin-Mitte, Neukölln und Friedrichshain-Kreuzberg einen hohen Anteil an Schülern nichtdeutscher Herkunft gibt. Es folgen in dieser Betrachtung die Bezirke Tempelhof-Schöneberg, Charlottenburg-Wilmersdorf und Spandau. Der Anteil der Schüler nichtdeutscher Herkunft an der Gesamtschülerzahl ist jedoch in allen Bezirken über den Betrachtungszeitraum gestiegen. In einigen Stadtteilen (z. B. Neukölln-Nord) liegt der Anteil bereits bei über 50 %, auch wenn er insgesamt in den Bezirken noch unter der Hälfte liegt. Vor allem in der Innenstadt ist der Anteil dieser Schüler sehr hoch. Auffällig ist der geringe Anteil der Schüler nichtdeutscher Herkunftssprache in den östlichen Bezirken. Besonders wenige Schüler mit nichtdeutscher Herkunftssprache sind in Lichtenberg vertreten, genauso wie in den Bezirken Marzahn-Hellersdorf, Pankow und Treptow-Köpenick.

Bereits in der Sekundarstufe I wird die Verteilung der Schüler nichtdeutscher Herkunftssprache deutlich. Es gibt eine überproportional große Vertretung an Hauptschulen und eine entsprechende unterproportionale Präsentation dieser Schüler an Gymnasien. Die Schere, die für diese Entwicklung oft als Symbol herangezogen wird, wird sich auch in der zukünftigen Entwicklung dieser Schüler weiter öffnen. Die Probleme, die bei den Schülern einst mit mangelnden Sprachkenntnissen begannen, werden bei den Schülern in der weiterführenden Schule vermehrt offensichtlich.

Betrachtet man einmal die Berliner Schulabgänger des Schuljahres 2003/2004 so fällt auf, dass höherwertige Schulabschlüsse in geringerem Umfang erreicht werden und verhältnismäßig „einfache" Schulabschlüsse oder sogar gar keine öfter zum Vorschein kommen. Der Vergleich der Schüler mit Migrationshintergrund mit der Gesamtschülerschaft zeigt folgendes Bild: Der Anteil der ausländischen Schüler, die in diesem Jahr (2002/03) das Abitur machten, ist weniger als halb so groß als der der Schüler ohne Migrationshintergrund (insgesamt 31 %, Ausländer 14 %). Zudem qualifizierten sich weniger ausländische Schüler für den Realschulabschluss (insgesamt 37 %, Ausländer 31 %). Es erreichten anteilig viel mehr ausländische Schüler sogar nach der 10. Klasse nur einen Hauptschulabschluss (insgesamt 15 %, Ausländer 23 %) und ein größerer Prozentsatz an ausländischen Schülern verließ die Schule bereits nach der 9. Klasse mit einen Hauptschulabschluss (insgesamt 6 %, Ausländer 8 %). Das Bild zeigt zudem, dass im Verhältnis mehr als doppelt so viele ausländische Schüler überhaupt keinen qualifizierten Abschluss erreichten. (insgesamt 11 %, Ausländer 24 %).

4.2) Fördermaßnahmen zur „Integration durch Bildung" und zur Chancengleichheit

Bezüglich der Fördermaßnahmen in Berlin werden zwei zentrale Aufgaben formuliert: Zum einen sollen diese Maßnahmen den Erwerb einer differenzierten deutschen Sprachkompetenz unterstützen, zum anderen sollen die Grundlagen einer demokratischen Verfasstheit sowie die daraus resultierenden Strukturen und Normen Deutschlands vermittelt werden.

Die Priorität der Fördermaßnahmen in Berlin soll auf der ersten Aufgabe liegen, so dass zunächst einmal der Zugang zum erfolgreichen Abschluss eines Bildungsweges erleichtert wird. Am erfolgreichsten sind Sprachförderprogramme, die so früh wie möglich ansetzen. Aus diesem Grund liegen die Schwerpunkte der Förderung der Sprachkompetenz in der vorschulischen Förderung der KiTa und im Anfangsunterricht der Grundschule. Allerdings steigen die sprachlichen Anforderungen mit den fachlichen. Deshalb wird die Sprachförderung in Deutsch als Zweitsprache auch in der Sekundarstufe I fortgesetzt.

Die Vermittlung der demokratischen Verfasstheit sowie den daraus resultierenden Strukturen und Normen Deutschlands, die zweite formulierte Aufgabe, darf jedoch nicht unterschätzt werden. Am Lernort Schule müssen die Ziele des Grundgesetzes, der Berliner Verfassung und des Schulgesetzes zur Geltung gebracht werden und somit Wege entwickelt werden, in denen erfolgreiche Partizipation im Schulalltag verwirklicht werden kann. Nur beides gemeinsam - Sprachkenntnisse und gesellschaftliches Grundlagenwissen - befähigt zur Partizipation am deutschen Bildungssystem.

Wegen der z.T. hohen Anteile von Schülern nichtdeutscher Herkunft an der Gesamtschülerzahl wurden an Berliner Schulen neben Sprachförderkursen auch Sprachstandsfeststellungen eingeführt (s.u.). Zusätzlich wurde in einigen Schulen die Klassenstärke mit über 40 % Anteil von Schülern nichtdeutscher Herkunft in der Schulanfangsphase auf 20 Schüler gesenkt.

Rund 96 % der Kinder in Berlin besuchen Kindertagesstätten oder (bis zum Jahre 2005) Vorklassen. Trotz Förderung in diesen Einrichtungen kommen zu viele Kinder ohne ausreichende Deutschkenntnisse in die Schule. In Berlin existiert mit den Einschulungsuntersuchungen (ESU) eine Datenquelle, die seit 2003 diesbezüglich detailliert Auskunft geben kann. Erste Auswertungen geben Hinweise darauf, dass sich ein Einrichtungsbesuch zwar grundsätzlich

11

positiv auf die deutschen Sprachkenntnisse von Kindern nichtdeutscher Herkunft auswirken kann, es jedoch eine größere Anzahl von diesen Kindern gibt, bei denen trotz mehrjährigen Besuchs kein nennenswerter Erwerb der deutschen Sprache stattfindet.

Wie viele Schulanfänger unzureichende Deutschkenntnisse haben, wurde erstmals im Januar 2003 mit der Sprachstandsfeststellung „BÄRENSTARK" erhoben. Ebenfalls gibt es seit dem Schuljahr 2005/2006 in Berlin bei der Schulanmeldung die verpflichtende Sprachstandsfeststellung „Deutsch Plus". Wird bei Schülern ein Förderbedarf festgestellt, so erhalten die Kinder bereits in den Monaten vor ihrer Einschulung Unterstützung in verpflichtenden Sprachförderkursen. Von den Neuanmeldungen für das Schuljahr 2006/07 wurden 25.478 Kinder mit „Deutsch Plus" getestet. Für insgesamt 25 % dieser Kinder ergab sich ein Förderbedarf. Bei den 17.918 Kindern deutscher Herkunftssprache lag der Bedarf für Sprachförderung bei 12,5 %, bei den 7.560 Kindern nichtdeutscher Herkunftssprache lag er bei 56,5 %.

In den Berliner Schulen erhielten etwa $^2/_3$ aller Schüler nichtdeutscher Herkunftssprache im Schuljahr 2005/2006 Unterricht in Deutsch als Zweitsprache (DaZ), schwerpunktmäßig in den fünf Bezirken Mitte, Neukölln, Friedrichhain-Kreuzberg, Tempelhof-Schöneberg und Spandau. Der DaZ-Unterricht wird seit dem Schuljahr 2003/2004 auf der Grundlage des neuen Rahmenplans Deutsch als Zweitsprache erteilt und seit vier Jahren von regionalen Fachkonferenzen betreut. Rund 700 Lehrerstellen werden für den DaZ-Unterricht eingesetzt.

In Berlin werden seit dem Schuljahr 2005/06 keine so genannten Vorklassen mehr eingerichtet. Es werden seitdem alle schulpflichtigen Kinder direkt in die flexible Schulanfangsphase eingeschult und dort individuell gefördert. 40 % aller Kinder und 49 % der Kinder nichtdeutscher Herkunft, die bisher die kostenfreie Vorklasse an Grundschulen bzw. die gar keine Einrichtung besucht haben, müssen somit zukünftig für den Besuch einer KiTa gewonnen werden. Aus diesem Grund wirbt die Senatsverwaltung besonders bei Familien mit Migrationshintergrund verstärkt für den Besuch einer KiTa, um möglichst früh mit einer Förderung beginnen zu können.

Mit diversen bilingualen Schulangeboten reagiert Berlin auf die wachsende Schülerzahl, die mit einer nichtdeutschen Herkunftssprache verbunden werden können. Der bilinguale Unterricht erweitert und festigt die Kenntnisse der entsprechenden Schüler in ihrer jeweiligen Muttersprache. Zudem erwerben die Schüler gleichzeitig fundierte Kenntnisse in einer zweiten Sprache. Angestrebt wird eine bilinguale Sprachkompetenz auf hohem Niveau für sowohl zweisprachig erzogene als auch einsprachig aufgewachsene Kinder. Beispielsweise wird an fünf Grundschulen die zweisprachige deutsch-türkische Alphabetisierung bzw. Erziehung angeboten. Es handelt sich um ein muttersprachliches Angebot, mit dem ca. 1000 Schüler türkischer Abstammung zusätzlich Unterricht in türkischer Sprache erhalten. Die nicht türkischsprechenden Schüler besuchen freiwillig die Arbeitsgemeinschaften „Türkisch für Deutsche."

Nur über die zusätzliche Partizipation von Eltern und ggf. weiteren Familienmitgliedern kann sich Akzeptanz und Wertschätzung von Bildung langfristig entwickeln. Insbesondere Migranten haben aufgrund sprachlicher und kultureller Barrieren Orientierungsprobleme im differenzierten Bildungssystem. Um vor diesem Hintergrund Rechte und Souveränität von Eltern zu stärken, brauchen sie ausreichende Sprachkenntnisse, relevante Informationen und Entscheidungshilfen. Kindertagesstätten und Schulen werden also auch für die Eltern zu Lern- und Begegnungsorten. An Berliner Schulen gibt es daher verschiedene Maßnahmen, die die Partizipation von und die Kooperation mit Eltern fördern sollen. So wird beispielsweise versucht über eine Informationsoffensive für Eltern nichtdeutscher Herkunftssprache in den größten Herkunftssprachen an die Eltern heranzutreten. Dieses wird über Informationsbroschüren und Plakataktionen sowie die Nutzung der Medien Radio, TV und Zeitung angestrebt. An Volkshochschulen werden zudem Deutsch- und Integrationskurse für Eltern nichtdeutscher Herkunftssprache angeboten. Desweiteren gibt es in Berlin zusätzliche Maßnahmen in Form von Modellprojekten zur Förderung der sozialen und beruflichen Integration von Migranten (Bsp.: Projekt Elternklassen für Eltern von Schulanfängern).

Neben der Partizipation der Eltern ist es auch ein wichtiger Schritt, verschiedene Bildungseinrichtungen miteinander zu vernetzen. Schulunterricht allein reicht nicht immer aus. Da ein hoher Anteil von Bildung außerhalb von Schule erworben wird, ist das Lernen in Peer-groups und mit Erwachsenen, die nicht unmittelbar mit Schule zu tun haben, als Fördermaßnahme bedeutsam und nimmt mit zunehmendem Alter der Lernenden einen größeren Raum ein. Durch die zunehmende Vernetzung von Kooperationspartnern wurde in einigen Regionen Berlins eine Entwicklung hin zu einem bildungsfördernden und integrationsfreundlichem Umfeld in Gang gesetzt. Hier spielen vor allem die Jugendhilfe – insbesondere die Angebote der Jugendbildungsarbeit –, die Volkshochschulen, die Fort- und Weiterbildungsinstitutionen und die Landeszentrale für politische Bildungsarbeit, aber auch sekundäre Bildungseinrichtungen wie Museen und Bibliotheken, die Migranten-, Eltern- und Sportvereine, die Verbände, Parteien und Universitäten eine große Rolle.

Besonders der Sport kann einen großen Beitrag zur Förderung der Integration von Schülern nichtdeutscher Herkunft leisten. Im Rahmen des Programms „Förderung der Zusammenarbeit zwischen Schule und Verein/Verband" wurde die Zahl der Kooperationsverträge zwischen Schulen und Sportvereinen erhöht. Zudem gibt es in Berlin eine verstärkte Förderung von Maßnahmen der Sportvereine in Ganztagsschulen. Zudem wird auch weiterhin angestrebt besonders Übungsleiter und Sportbetreuer zu gewinnen, die aus dem Personenkreis nichtdeutscher Herkunft stammen. Ein Augenmerk liegt dabei besonders auf jungen Frauen als Übungsleiter und Betreuer, da es ihnen leichter gelingt Mädchen mit nichtdeutscher Herkunft in die Arbeit und Gemeinschaft des Sportvereins zu integrieren.

Ein weiterer Schwerpunkt der Fördermaßnahmen in Berlin liegt in der Weiterbildung und Qualifizierung des Personals, den Bindegliedern zwischen Institutionen und Schülern nichtdeutscher Herkunft. Hier sind wiederum die Volkshochschulen sowie die Landeszentrale für politische Bildungsarbeit wichtige Anlaufstellen für die Intensivierung und Weiterentwicklung der Fortbildung sowie der Beratung von Erzieherinnen im Hinblick auf Sprachförderung. Desweiteren wird in Berlin im Rahmen von Lehrerfortbildungen angestrebt, die Ausbildung in DaZ (s.o.) zu fördern und Grundlagen in der interkulturelle Bildung und Erziehung – u. a. durch dezentrale Lehr- und Lernwerkstätten – zu schaffen und zu intensivieren.

5) Fazit

Abschließend möchte ich näher auf die Thesen DR. WOLFGANG MEYER-HESEMANNS, ehemaliger Staatssekretär im Bildungsministerium des Landes Schleswig-Holstein, eingehen, da sie die Problemlage unseres Bildungssystems erfassen und ich sie als richtungsweisend betrachte, was seine Vorschläge zur Systemveränderung anbetrifft. MEYER-HESEMANN erläutert u.a.: „Es ist an der Zeit, eine nationale Bildungsstrategie zu entwickeln, normative Bedenken zu überwinden und endlich die längst fälligen Reformen durchzusetzen." (s. MEYER-HESEMANN, S. 7). MEYER-HESEMANN fordert zudem, Schule als einen Lern- und Lebensraum zu gestalten, in dem die Entwicklung personaler, sozialer und kognitiver Kompetenzen sowie ein Beitrag zur Sicherung des sozialen Zusammenhalts und zur Inklusion geleistet werden könne. Insbesondere vor dem Hintergrund der massiven Probleme eines bedeutenden Teils der wachsenden Zahl von Schüler mit Migrationshintergrund müsse Inklusion als zentraler Auftrag des Bildungssystems begriffen werden.

MEYER-HESEMANN sieht die größte Herausforderung der nächsten Jahre darin, parallel zu den Anstrengungen zur Veränderung der Lehrerqualifikation und des vorherrschenden Unterrichtsskripts auch einen abgestimmten und systematischen schrittweisen Umbau der Schulstruktur in Richtung eines zweigliedrigen Schulsystems einzuleiten. Insbesondere geht es ihm darum, ein zeitnahes gemeinsames Handeln der Länder zu initiieren, solange es noch nicht zu spät ist (ebd., S. 24).

MEYER-HESEMANN erläutert, dass eine Schule für alle Kinder mit längerem gemeinsamen Lernen bis zum Abschluss der Sekundarstufe I einen guten Rahmen biete, Bildungschancen und Bildungsqualität zu verbessern und als Gemeinschaftsschule zugleich lebendiger Ausdruck des gemeinsamen Anliegens, gesellschaftlichen Zusammenhalts und Inklusion zu sichern, sei (ebd., S. 21).

Die Möglichkeiten zum Abbau von Ungleichheiten sind an den Einzelschulen jedoch stark begrenzt. Daher denke ich auch, dass ein gemeinsames Konzept zur institutionellen Umgestaltung geschaffen werden muss. Problematisch ist, dass es nicht ausreicht, die Schulstruktur allein zu ändern, um die weitreichenden Schwierigkeiten lösen zu können. Daher ist vor allem in der heutigen Zeit ein grundsätzliches Umdenken nötig, insbesondere derjenigen Verantwortlichen, die Bildung direkt vor Ort an den Schulen mitgestalten können. Es muss klar werden, dass die hohe Abhängigkeit von Bildungserfolg und sozialer Herkunft nicht das alleinige Problem der Bildungsinstitutionen ist. Soziale Ungleichheit wirkt nicht nur auf Bereiche der Bildung zurück. Daher sind Lösungen für eine gelingende Integration und den Abbau von Ungleichheiten über ein Netzwerk von sozial-, wirtschafts-, familien- und bildungspolitischen Maßnahmen zu finden, so dass die Problemstrukturen unseres Bildungssystems besser abgebaut werden können. So sind bei der Kompensation primärer und sekundärer Herkunftseffekte nicht nur schulpolitische Maßnahmen gefragt, sondern auch Beiträge von Verbänden, Gewerkschaften, Kirchen und Unternehmen etc. (vgl. WERNSTEDT et al.2008, S. 9).

Literatur

Diefenbach, H.: *Bildungschancen und Bildungs(miss)erfolg von ausländischen Schülern oder Schülern aus Migrantenfamilien im System schulischer Bildung*. In: Becker, R./Lauterbach, W. (2004)(Hrsg.): *Bildung als Privileg? Erklärungen und Befunde zu den Ursachen der Bildungsungleichheit*. VS Verlag für Sozialwissenschaften, Bern und Münster, S. 225 – 249.

Meyer-Hesemann, W.: *Bildungserfolg und soziale Herkunft – Zwölf Thesen zur Problemlage und zu notwendigen Veränderungen*. In: Wernstedt, R./John-Ohnesorg, M. (2008) (Hrsg.): *Soziale Herkunft entscheidet über Bildungserfolg. Konsequenzen aus IGLU 2006 und PISA III*. Friedrich-Ebert-Stiftung, Berlin, S. 7 und S. 19 – 24. http://doku.iab.de/externe/2008/k080422f15.pdf [Stand: 16.2.2010]

Senatsverwaltung für Bildung, Jugend und Sport*Bildung für Berlin. Integration durch Bildung. Konzept zur Förderung von. Kindern, Jugendlichen und Erwachsenen mit Migrationshintergrund in Berlin:* http://www.berlin.de/imperia/md/...bildung/.../integration_durch_bildung_2006.pdf [Stand: 2.2.2010]

Solga, H.: *Institutionelle Ursachen von Bildungsungleichheiten*. In: Wernstedt, R./John-Ohnesorg, M. (2008) (Hrsg.): *Soziale Herkunft entscheidet über Bildungserfolg. Konsequenzen aus IGLU 2006 und PISA III*. Friedrich-Ebert-Stiftung, Berlin, S. 5 und S. 15 – 17. http://doku.iab.de/externe/2008/k080422f15.pdf [Stand: 16.2.2010]

Valtin, R.: *Soziale Ungleichheit in Deutschland – Zentrale Ergebnisse aus IGLU 2006 und PISA 2006*. In: Wernstedt, R./John-Ohnesorg, M. (2008) (Hrsg.): *Soziale Herkunft entscheidet über Bildungserfolg. Konsequenzen aus IGLU 2006 und PISA III*. Friedrich-Ebert-Stiftung, Berlin, S. 6 und S. 12 – 14. http://doku.iab.de/externe/2008/k080422f15.pdf [Stand: 16.2.2010]

Wernstedt, R./John-Ohnesorg, M. (2008) (Hrsg.): *Soziale Herkunft entscheidet über Bildungserfolg. Konsequenzen aus IGLU 2006 und PISA III*. Friedrich-Ebert-Stiftung, Berlin: http://doku.iab.de/externe/2008/k080422f15.pdf [Stand: 16.2.2010]

Anhang

Tab.: Ausländische Schüler nach Staatsangehörigkeit an öffentlichen Schulen

Staatsangehörigkeit	2001/02	2002/03	2003/04	2004/05	2005/06
Türkei	25.598	25.120	24.450	23.946	23.495
Libanon	2.680	2.775	2.955	2.941	2.984
Übriges Asien	2.291	2.223	2.358	2.353	2.376
Serbien und Montenegro	3.126	3.069	2.861	2.614	2.266
Vietnam	1.777	1.977	2.101	2.230	2.264
Bosnien und Herzegowina	1.961	1.982	1.970	1.987	2.175
Polen	1.955	1.968	1.936	1.932	2.082
Ungeklärt	1.095	1.288	1.441	1.422	1.865
Russische Föderation	1.433	1.517	1.562	1.516	1.449
Übriges Afrika	894	1.007	1.037	1.110	1.160
Übrige Staaten	11.728	11.894	11.866	12.074	12.554
Insgesamt	54.538	54.820	54.537	54.125	54.670

Quelle: *www.berlin.de/imperia/md/...bildung/.../integration_durch_bildung_2006.pdf, S. 6 [Stand: 2.2.2010]*

Abb.: Ausländische Schüler nach Staatsangehörigkeit

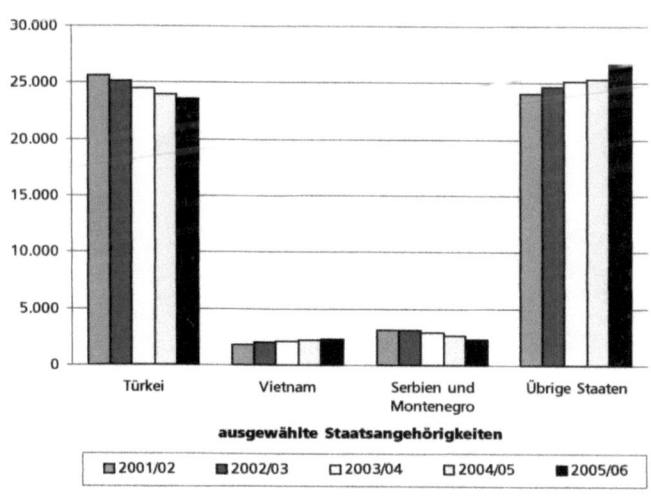

Quelle:: *www.berlin.de/imperia/md/...bildung/.../integration_durch_bildung_2006.pdf, S. 6 [Stand: 2.2.2010]*

Tab.: Schulanfänger an öffentlichen Schulen insgesamt, darunter Schulanfänger nichtdeutscher Herkunftssprache

Schuljahr	Schulanfänger	Schulanfänger ndH	in %
2001/2002	24.324	7.280	29,9
2002/2003	25.440	7.759	30,5
2003/2004	26.228	7.973	30,4
2004/2005	26.706	8.148	30,5
2005/2006	34.564	11.457	33,1

Quelle:: www.berlin.de/imperia/md/...bildung/.../integration_durch_bildung_2006.pdf, S. 7 [Stand: 2.2.2010]

Abb.: Schulanfänger an öffentlichen Schulen insgesamt, darunter Schulanfänger nichtdeutscher Herkunftssprache

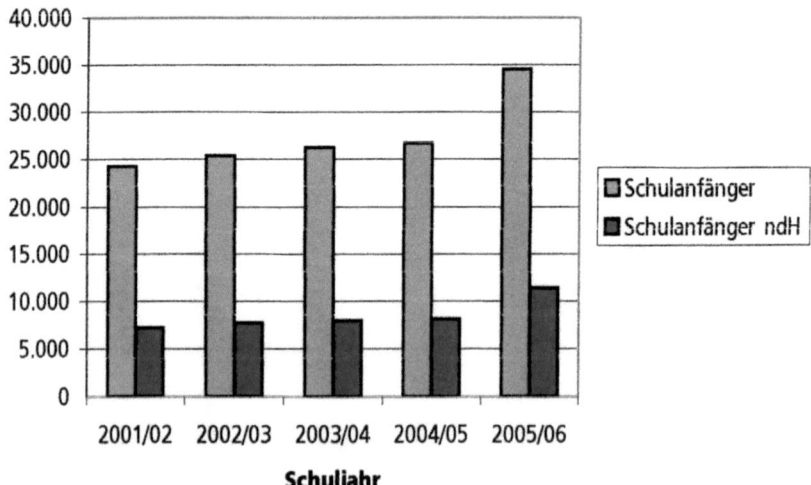

Quelle:: www.berlin.de/imperia/md/...bildung/.../integration_durch_bildung_2006.pdf, S. 7 [Stand: 2.2.2010]

Abb.: Schulabgänger insgesamt und ausländische Schulabgänger 2003/2004

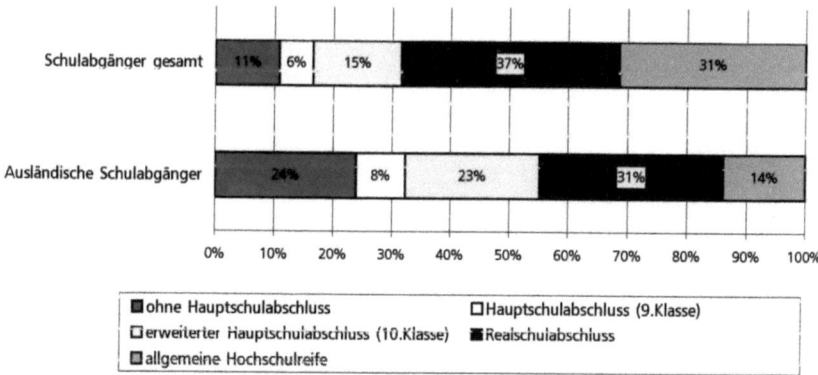

Quelle:: *www.berlin.de/imperia/md/...bildung/.../integration_durch_bildung_2006.pdf, S. 13 [Stand: 2.2.2010]*